Silke Schmidt

Engel zum Selbermachen

Dieses Buch gehört

INHALT

EIN ENGEL FÜR JEDEN TAG

SO BASTELST DU EINEN ENGEL-ADVENTSKALENDER

Schon im Herbst kannst du beginnen, einen Adventskalender für eine Freundin oder deine Familie zu basteln. Dann hast du noch genügend Zeit, um ihn mit Süßigkeiten, selbst gebackenen Plätzchen, Gutscheinen oder kleinen Geschenken zu füllen.

FÜR DICH

ÜBERRASCHUNG

1

12

7

GUTSCHEIN

Für einen Adventskalender brauchst du:

- 24 Klopapierrollen
- Pinsel und weiße Farbe
- verschiedene bunte Papiere
- Schere und Klebestift
- Bleistift und Filzstifte
- Watte
- Küchenrolle

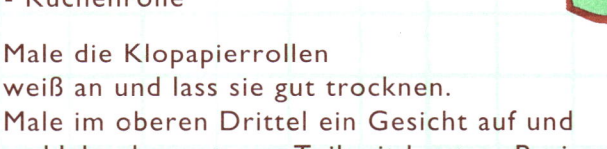

Male die Klopapierrollen
weiß an und lass sie gut trocknen.
Male im oberen Drittel ein Gesicht auf und
umklebe den unteren Teil mit buntem Papier.

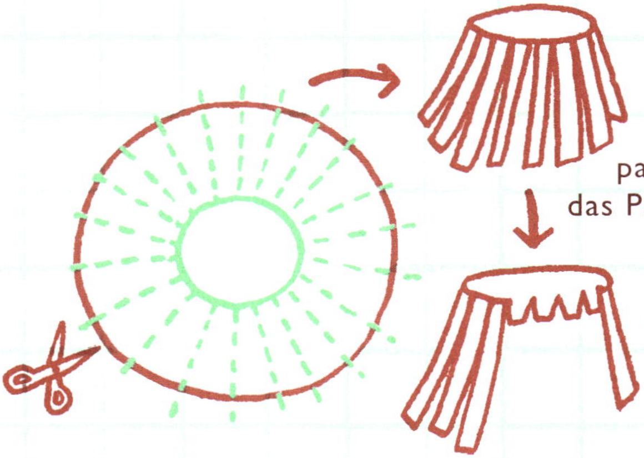

Schneide einen Kreis aus Papier
für die Haare aus (Ø etwa 12 cm)
und zeichne den Umriss der Klopapierrolle in der Mitte auf. Schneide
das Papier bis zu diesem Kreis mehrmals
ein und schneide dem Engel eine
„Frisur", bevor du die Papierhaare
anklebst. Alternativ kannst du auch
Haare aus Watte ankleben.

Schenke dem Engel Flügel,
indem du Papierflügel an die Rückseite
der Rolle klebst.

Stecke ein kleines Geschenk von unten in die Klopapierrolle und stopfe anschließend ein zerknülltes Stückchen Küchenpapier hinein, damit dein Geschenk nicht herausfällt.

Aus goldenen Pfeifenputzern kannst du einigen Engeln einen kleinen Heiligenschein biegen.

Klebe kleine Schildchen mit den Nummern 1-24 auf die Engel.

MEIN ADVENTSKALENDER FÜR...

TAG	IDEE	ERLEDIGT	TAG	IDEE	ERLEDIGT
1	Bonbons	✓	3		◯
2		◯	4		◯

TAG	IDEE	ERLEDIGT	TAG	IDEE	ERLEDIGT
5		◯	15		◯
6		◯	16		◯
7		◯	17		◯
8		◯	18		◯
9		◯	19		◯
10		◯	20		◯
11		◯	21		◯
12		◯	22		◯
13		◯	23		◯
14		◯	24		◯

Willkommen in der ENGEL-BÄCKEREI

Für etwa 30 Kekse brauchst du:
250 g Mehl
1 leicht gehäufter TL Backpulver
75 g Zucker
1 Päckchen Vanillezucker
125 g kalte Butter, in kleine Stückchen geschnitten
1 Ei

Gib alle Zutaten in eine Rührschüssel und verknete sie zu einer Kugel.
Stelle diese für etwa eine Stunde zugedeckt in den Kühlschrank.

Lege ein Backblech mit Backpapier aus.
Verteile etwas Mehl auf der Arbeitsfläche und rolle den Teig darauf
ca. 4 mm dick aus.
Forme aus dem Teig Engel und lege sie auf das Blech.

Backe die Kekse im vorgeheizten Ofen bei 180 Grad (Gas 2-3)
etwa 10 Minuten. Lass sie auf einem Rost ganz abkühlen, bevor du sie verzierst.

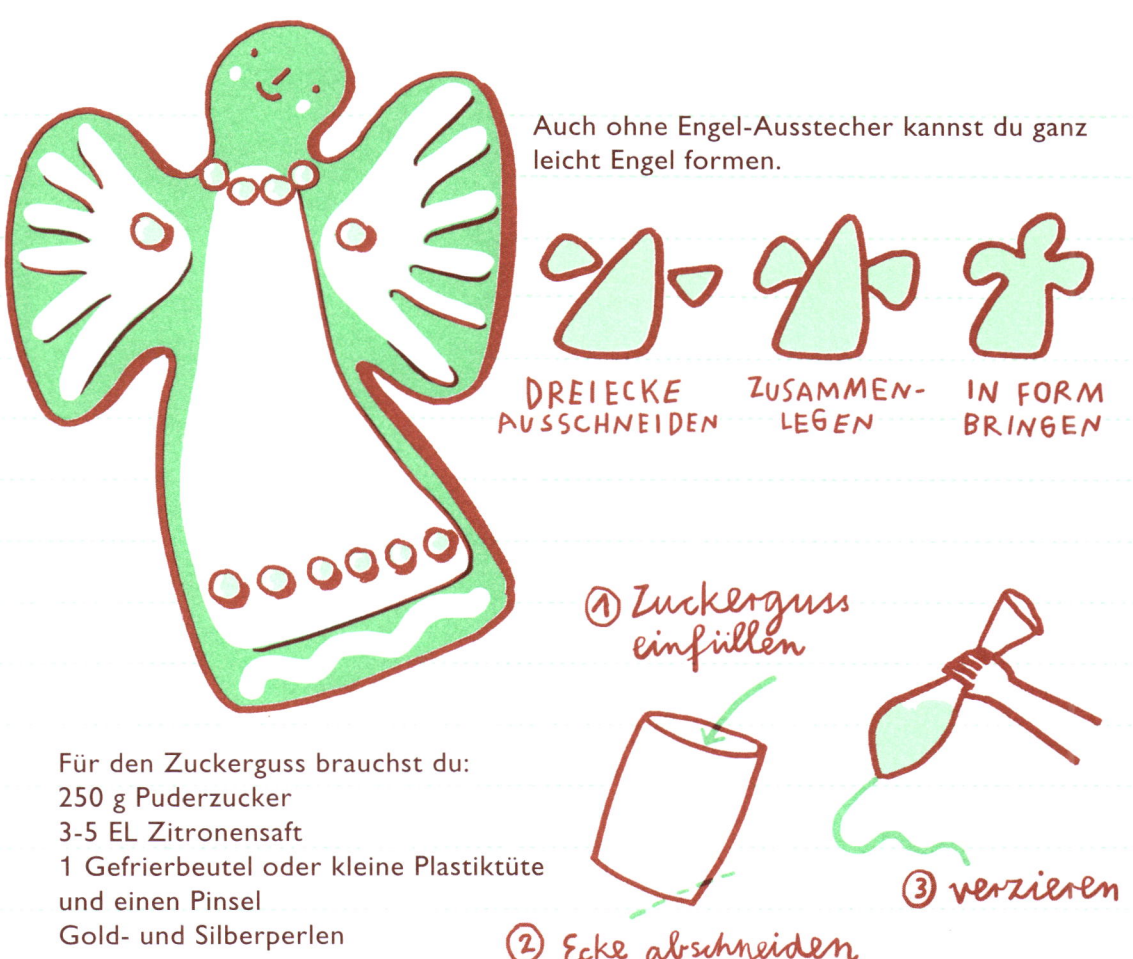

Auch ohne Engel-Ausstecher kannst du ganz leicht Engel formen.

DREIECKE AUSSCHNEIDEN

ZUSAMMEN- LEGEN

IN FORM BRINGEN

① Zuckerguss einfüllen

② Ecke abschneiden

③ verzieren

Für den Zuckerguss brauchst du:
250 g Puderzucker
3-5 EL Zitronensaft
1 Gefrierbeutel oder kleine Plastiktüte
und einen Pinsel
Gold- und Silberperlen

Verrühre den Puderzucker mit dem Zitronensaft. Gib nur so viel Saft hinzu, dass der Guss nicht zu flüssig wird. Gib den Zuckerguss dann in einen kleinen Gefrierbeutel und schneide eine kleine (!) Ecke ab. So kannst du den Guss wie aus einer Zahnpastatube herausdrücken und die Kekse damit verzieren. Du kannst den Guss mit dem Pinsel auch noch verstreichen. Verziere die Engel dann mit den Perlen, die im Guss kleben bleiben.

KEKSE VERSCHENKEN

Idee 1

Bestemple oder beschrifte eine Butterbrottüte, stecke die Kekse hinein und klebe die Tüte oben zu. Loche die Tüte an einer Ecke und binde daran einen Engelanhänger fest.

umknicken + zukleben

lochen

bestempeln

FÜR Mia *

Namensschildchen aufkleben

Anhänger festknoten

Idee 2

Beklebe eine Papp-Verpackung mit Geschenkpapier und verschenke deine Kekse darin. Stecke einen gebastelten Fotoengel (S. 90) in die Mitte

Idee 3

Überrasche deine Familie mit Punsch und Hefeengeln zum Nachmittagskaffee!

GUTEN APPETIT ♥

ENGELMALSCHULE

1

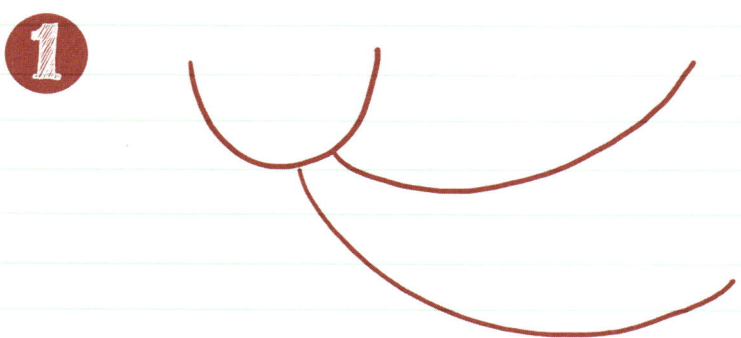

Zeichne zuerst diese Grundform.

2

Füge dann ein Gesicht und Haare, Flügel und ein Kleid hinzu.

14

3

Ergänze Arme und Beine.

4

Zeichne weitere Elemente und male den Engel an.

Drahtengel biegen

Du brauchst: - Draht (Die Stärke richtet sich nach der Größe des Engels, den du basteln möchtest. Für kleine Engelchen reicht ein dünner Blumendraht, für größere Engel benötigst du eine Stärke von mindestens 1 mm.)
- Zange
- Band zum Aufhängen
- Perlen zum Verzieren

FÜR Anfänger

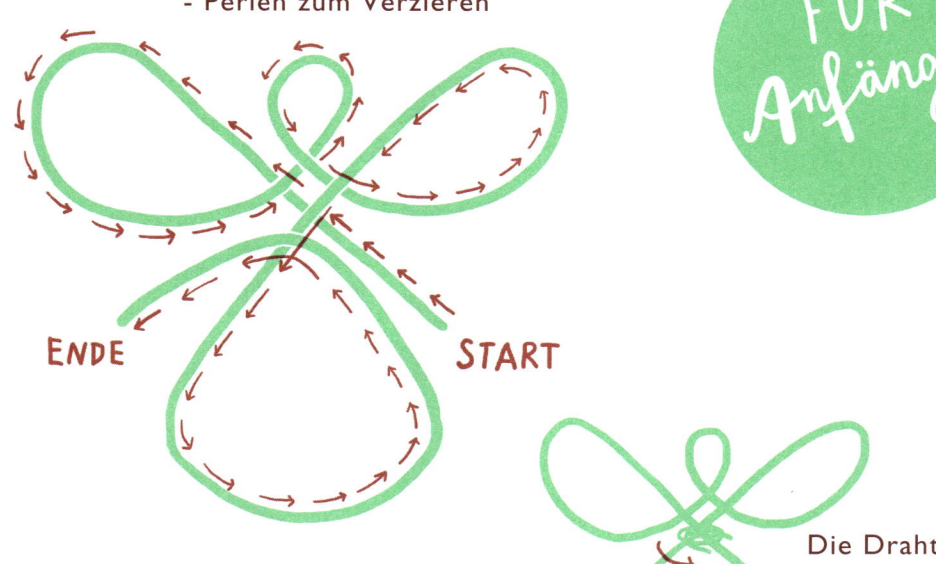

ENDE   START

Die Drahtenden wickelst du um die Taille des Engels

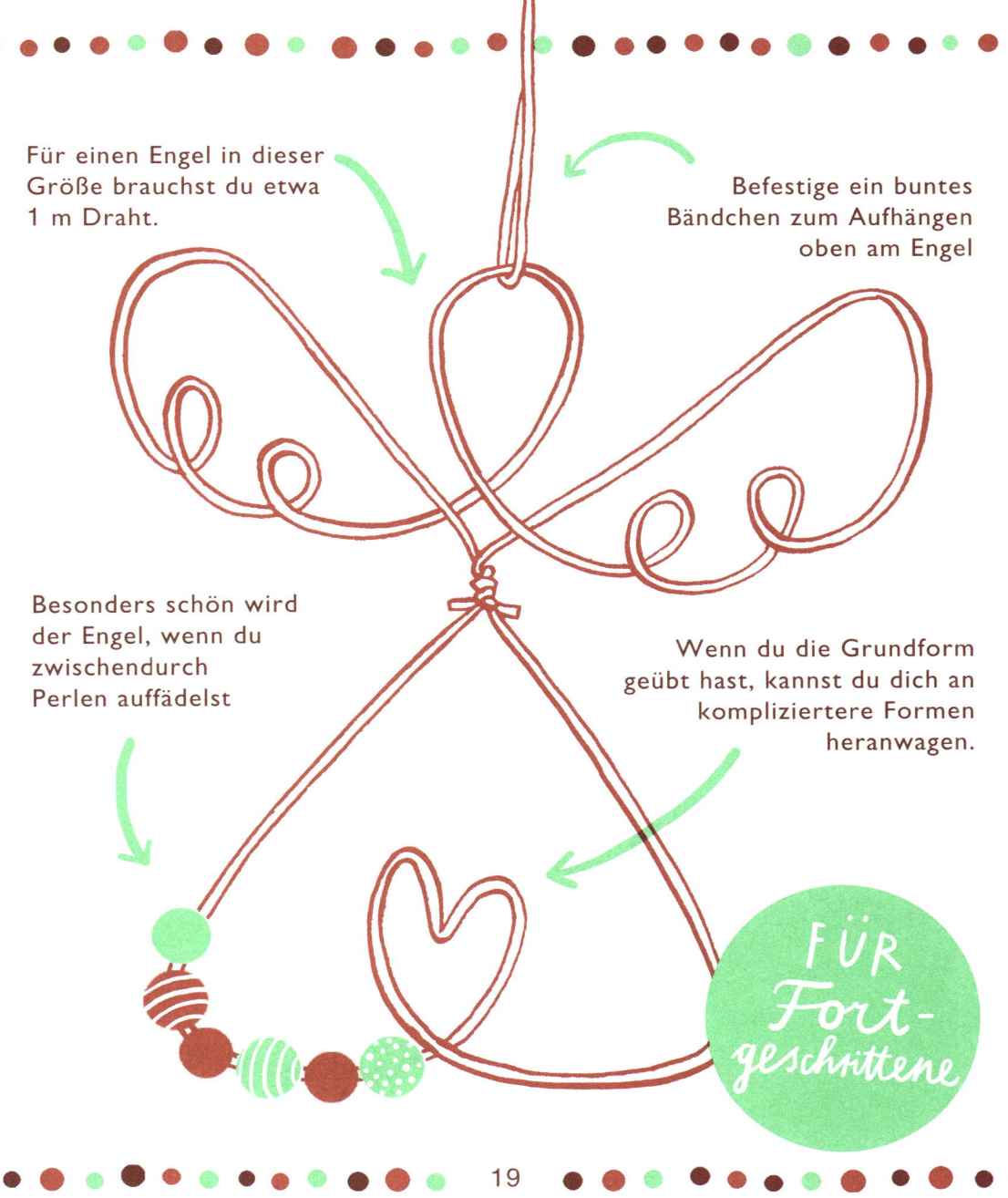

Für einen Engel in dieser Größe brauchst du etwa 1 m Draht.

Befestige ein buntes Bändchen zum Aufhängen oben am Engel

Besonders schön wird der Engel, wenn du zwischendurch Perlen auffädelst

Wenn du die Grundform geübt hast, kannst du dich an kompliziertere Formen heranwagen.

FÜR Fort- geschrittene

BAU DIR FLÜGEL

Du brauchst:
- ein großes Stück Pappe (z.B. von einem leeren Karton aus dem Supermarkt)
- Bleistift und Schere
- Pinsel und weiße Farbe
- Kordel

1. Zeichne die Flügel auf einem großen Pappkarton auf, schneide sie aus und male sie weiß an.

2. Knote 2 lange Schnüre am Steg zwischen den Flügeln fest.

3. Ziehe die Flügel an und binde die Schnüre vor der Brust zusammen.

Idee 1

Klebe Federn
auf die Flügel.

Idee 2

Schmücke die Flügel
mit Glitzersteinen.

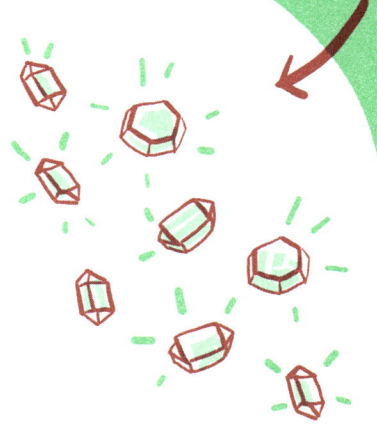

DIE FLÜGEL
SIND AUCH
EINE SCHÖNE
ZIMMER-
DEKO!

Idee 3

Warum immer nur weiße
Flügel? Male die Flügel
bunt an.

Sei ein Engel

Wem könntest du heute etwas Gutes tun?
Ein Adventskalender mit guten Taten

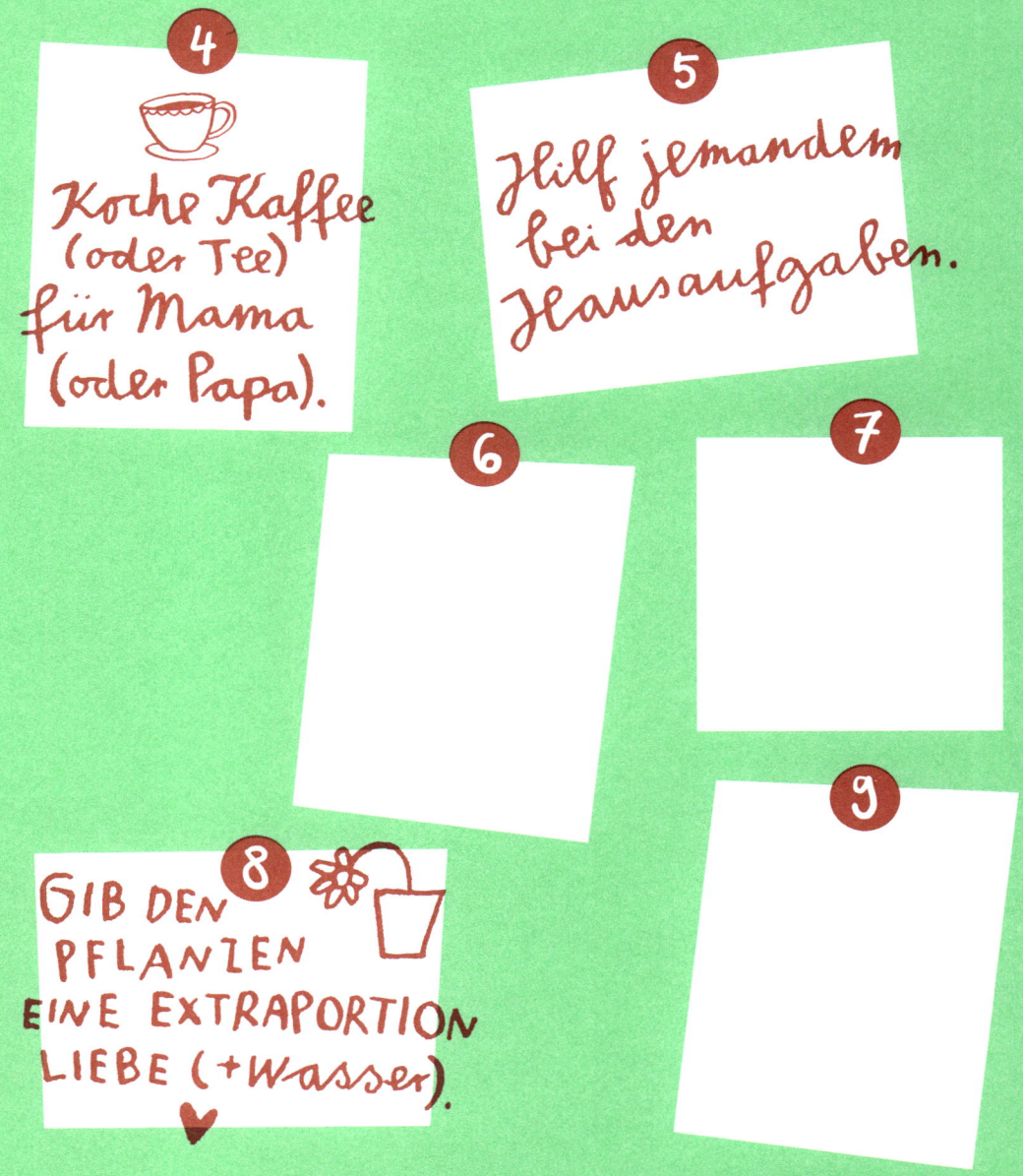

4 Koche Kaffee (oder Tee) für Mama (oder Papa).

5 Hilf jemandem bei den Hausaufgaben.

6

7

8 GIB DEN PFLANZEN EINE EXTRAPORTION LIEBE (+Wasser).

9

In den leeren Feldern ist Platz für deine eigenen Ideen.

10

11 Lies jemandem etwas vor.

12

13 ÜBERRASCHE jemanden mit SELBST GEBACKENEN Keksen.

14

15 Biete jemandem deinen Platz im Bus an.

16

17 SAG deiner Freundin, WARUM du sie SOOOOO gerne magst.

DU BIST TOLL!

18 RÄUM dein Zimmer auf!

19

20

21 Verschenke etwas VON DEINEN EIGENEN Sachen.

22

23 Schmücke ein Zimmer weihnachtlich.

24 FÜTTERE DIE VÖGEL IM GARTEN.

Der kleinste Engel von allen

Du brauchst:
- Erdnüsse
- festes Papier und Schere
- Wolle oder Watte
- Pinsel und Farbe
- schwarzen Stift
- Kleber

1. Male die Erdnuss an.

3. Klebe Flügel aus Papier und einen Wollfaden zum Aufhängen hinten an die Erdnuss.

2. Klebe Haare aus Wolle oder Watte auf.

Fallen dir noch mehr Flügelformen ein?

FREUNDE FÜR DEN ERDNUSSENGEL

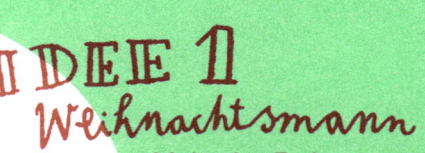

IDEE 1
Weihnachtsmann

Male die Erdnuss an und klebe
einen Bart aus Watte an.

IDEE 2
Schneemann

Wickle ein Geschenkband um den Hals des
Schneemanns und setze ihm eine Eichel-Mütze auf.

Erdnussengel zum Aus- und Weitermalen

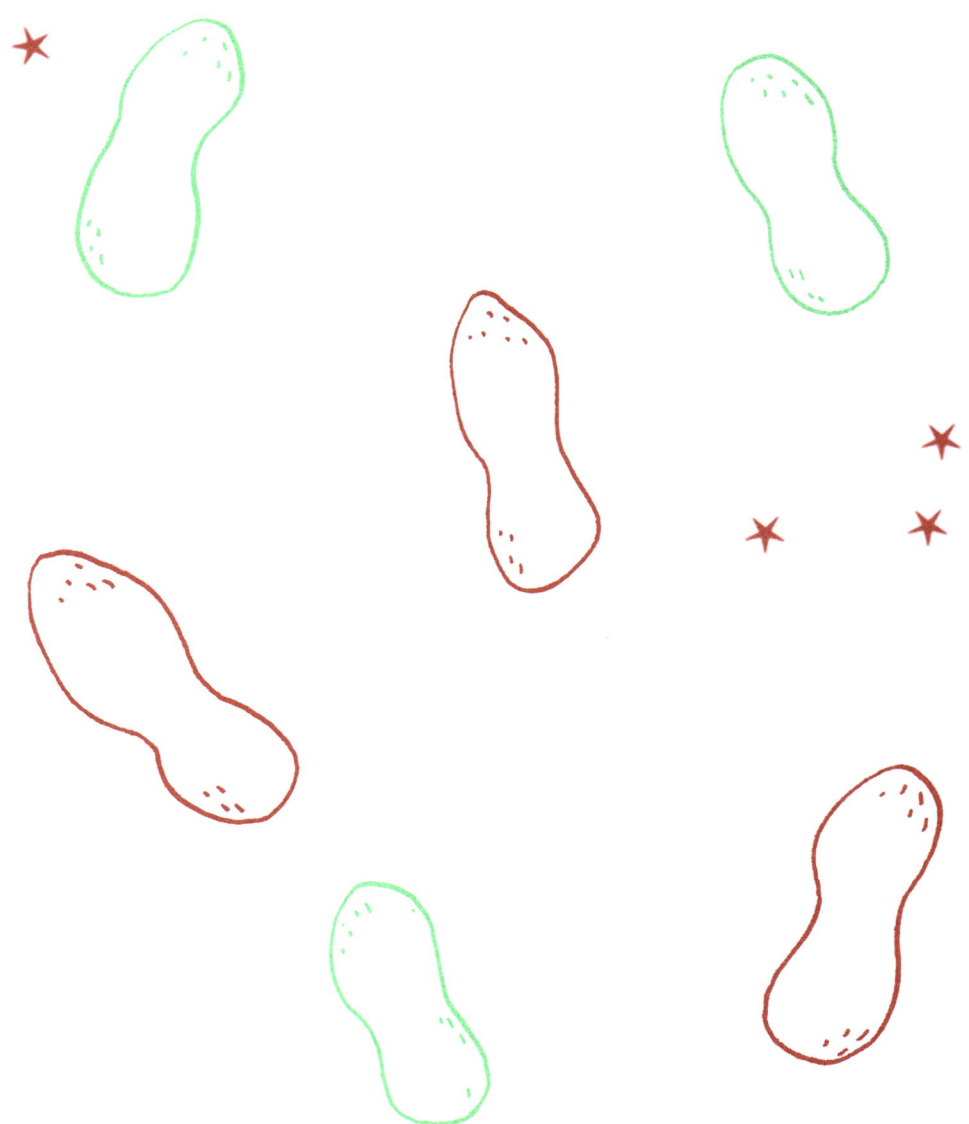

Kartoffelflügel drucken

Du brauchst:
- Kartoffel
- kleines Messer
- Deckfarbe
- Pinsel
- Papier

Halbiere eine große Kartoffel der Länge nach und schnitze eine Flügelform hinein. In die andere Hälfte schnitzt du die gleiche Flügelform,
allerdings seitenverkehrt.

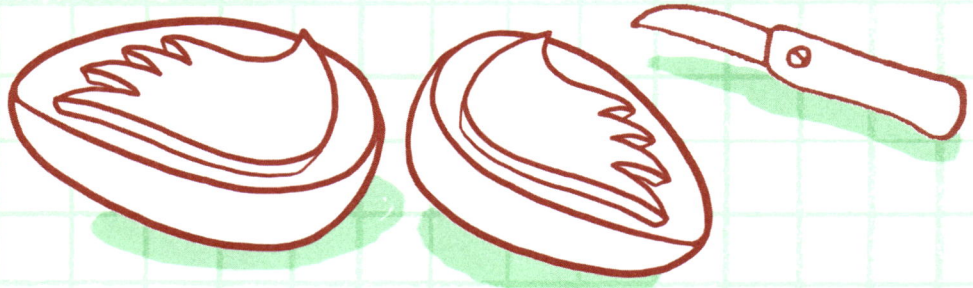

Bepinsele die Kartoffelhälften dünn mit Farbe und drucke sie auf das Papier.

Mit den Flügelstempeln kannst du alles Mögliche bedrucken:

POSTKARTEN

Alles Liebe!

BRIEFPAPIER

GESCHENKPAPIER

TISCHKARTEN

Susanna

Meine Geschenkideen für andere

Für: ....

Für: ....

Für: ....

Für: ....

Für: ....

SCHNEE-SHOOTING

Idee 1:

Warum immer Schneemänner bauen?
Ein Schneeengel ist eine genauso
gute Idee! Ergänze Flügel aus
Schnee oder verwende deine
selbst gebauten Flügel
(S. 20) als
Deko.

Selfie
mit dem
eiskalten
Engel

Foto-shooting

Idee 2:

Such dir ein schönes Stück unberührten Schnee, leg dich hinein und beweg Arme und Beine. Dann steh ganz vorsichtig wieder auf.

Engel im Schnee

Draußen liegt kein Schnee? Macht nichts.
Male hier eine Landschaft mit Schneeengeln.

EIN ENGEL AUS PAPIER

Du brauchst:
- 1 weißes DIN-A4-Blatt
- Holzperle, Ø 2-3 cm
- Schere, Klebestift
- Wolle oder Schnur,
  ca. 40 cm

1. Schneide das Blatt in der Mitte durch.
2. Falte beide Hälften zu einem Fächer.

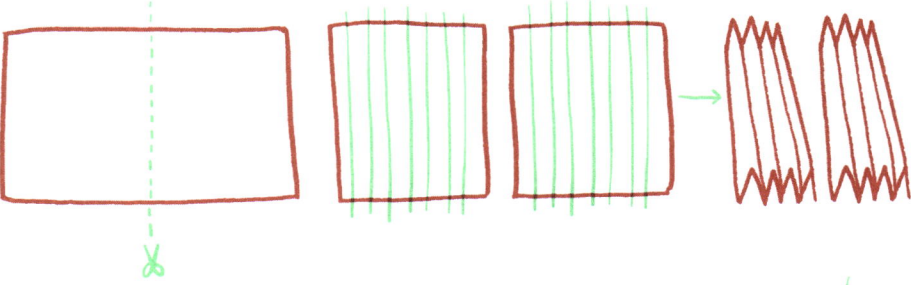

3. Knicke von jedem der beiden Fächer das obere Drittel um.
Lege die Schnur zwischen die Hälften
und klebe sie zusammen.

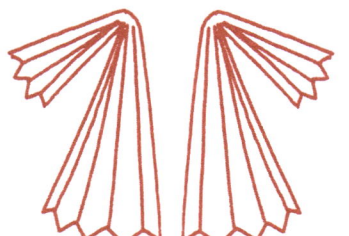

4. Fädele die Perle auf und zeichne
ein Gesicht darauf. Klebe Haare
aus Wolle oder Watte an.

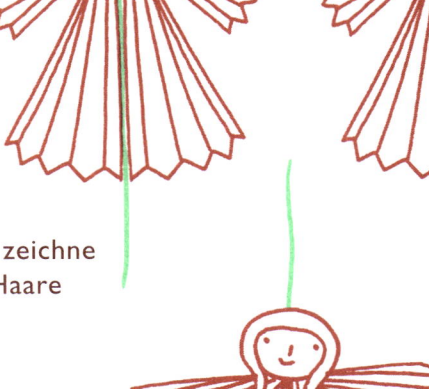

ENGEL DRUCKEN

Up-cycling WORK-SHOP

Du brauchst:
- 1 leeren, mit Wasser und Spüli gut ausgespülten Tetrapak
- Linoldruckfarbe und eine kleine Linoldruckwalze
- 1 großen, flachen Teller
- Bleistift, Kugelschreiber, Schere
- alte Zeitung zum Unterlegen
- Papier zum Bedrucken

Idee 1

→

1. Schneide die Vorderseite aus dem Tetrapak aus und zeichne mit Bleistift einen Engel auf die silberne Innenseite auf. Fahre diese Linien mit dem Kuli nach. Drück dabei fest auf.

2. Gib ein kleines bisschen Farbe auf den Teller und walze die Linolwalze so lange darin, bis die Rolle rundherum farbig ist. Leg deinen Engel auf die alte Zeitung und bestreich ihn mit Farbe.

3. Lege deinen Engel auf ein sauberes Stück Zeitung. Lege dann ein Blatt Papier darauf und presse es unter kreisenden Bewegungen vorsichtig mit dem Handballen auf den Engel. Ziehe den fertigen Druck vorsichtig ab.

Idee 2

Funktioniert genau wie Idee 1, nur dass du den Engel vor dem Drucken ausschneidest. Aus den Resten kannst du noch weitere Elemente ausschneiden und zu deinem Bild hinzufügen.

Idee **1** — als Karte verschicken

Frohes Fest!

UND DANN ?

Idee **2** — ausschneiden und aufhängen

Idee **3** — einrahmen und verschenken

HIMMLISCHE DRINKS

Feuchte vor dem Befüllen des Glases den Rand an und tauche ihn in Kokosraspeln.

Engelmilch

Schneide Flügel aus Tonpapier aus, schneide 2 Schlitze ein und stecke den Trinkhalm durch.

Für 2 Portionen brauchst du:
- 100 g Himbeeren
- 120 ml Kokosmilch
- 120 ml Buttermilch
- 100 ml Zitronenlimonade
- 1 TL flüssiger Honig
- 1 EL Kokosraspeln

Leg ein paar schöne Himbeeren für die Deko beiseite.
Püriere die restlichen Himbeeren mit dem Stabmixer in einem Mixbecher und verteile sie auf zwei hohe Gläser.
Verquirle Kokosmilch, Buttermilch, Zitronenlimonade und Honig und gib sie auf die pürierten Himbeeren.
Garniere die Drinks mit Kokosraspeln und den restlichen Himbeeren.

Engelpunsch

Für eine Teekanne brauchst du:
1/2 l Früchtetee
250 ml Apfelsaft
2 oder 3 Gewürznelken
1 Stange Zimt
den Saft von 1 Zitrone
den Saft von 1 Orange
Honig zum Süßen nach Geschmack

Gib alle Zutaten bis auf den Honig in
einen Topf und erhitze sie etwa
10 Minuten lang (nicht kochen).
Dann nimm die Zimtstange
und die Nelken heraus.
Je nach Geschmack kannst
du den Punsch mit
Honig süßen.

Leg einen kleinen Engelkeks als Deko zur Tasse.

Engel-Elfchen

Das Elfchen ist ein kurzes Gedicht, das aus genau 11 Wörtern besteht. Diese werden in einer festgelegten Anordnung auf fünf Zeilen verteilt.

1. Zeile	1 Wort	eine Jahreszeit, eine Eigenschaft, eine Farbe ...
2. Zeile	2 Wörter	etwas über das Wort aus Zeile 1
3. Zeile	3 Wörter	mehr über diese Person ...
4. Zeile	4 Wörter	was meinst du dazu
5. Zeile	1 Wort	ein abschließendes Wort, ein Gedanke, ein Gefühl, eine Stimmung

Hier ist ein Beispiel:

schwebend
am Himmel
ganz weit weg
und doch bei mir
Schutzengel

Verfasse deine eigenen Engelelfchen!

Meine ganz persönlichen

ENGEL

. . . .

... ist für mich ein Engel, weil ....
....

Diese Eigenschaften mag ich an ihr/ihm besonders:

....

⭐ ....
....

. . . .

... ist für mich ein Engel, weil ....

....

Diese Eigenschaften mag ich an ihr/ihm besonders:

....

....

....

... ist für mich ein Engel, weil

Diese Eigenschaften mag ich an ihr/ihm besonders:

... ist für mich ein Engel, weil

Diese Eigenschaften mag ich an ihr/ihm besonders:

Engelschmuck für kahle Äste

KNÖPFE ANNÄHEN

BESTICKEN

Für einen Engel brauchst du:
- Bastelfilz in 2 Farben
- 1 Holzperle (Durchmesser ca. 2 cm)
- Schere, Kleber
- Stift
- Watte
- Schnur

Zeichne ein Gesicht auf die Kugel und klebe Haare aus Watte an.

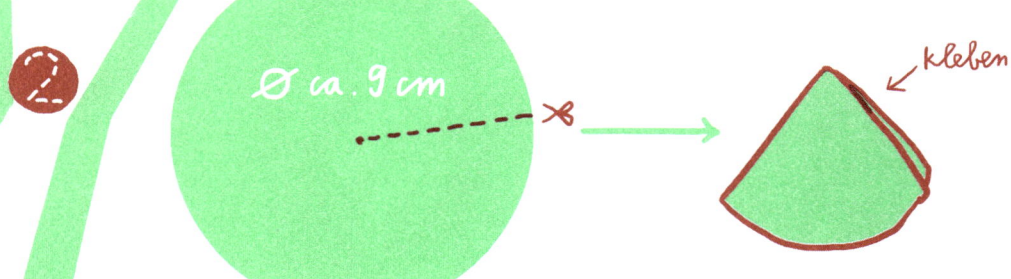

Schneide einen Kreis aus Filz aus, schneide ihn ein und forme ihn zum Kegel.

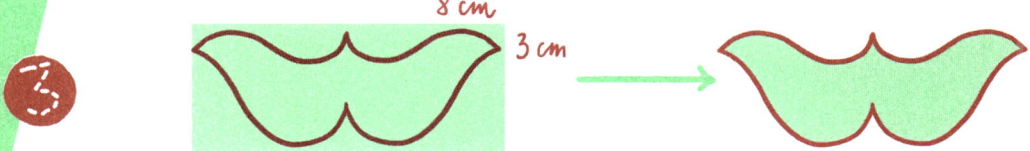

Schneide Flügel aus dem andersfarbigen Filz aus und klebe sie an den Kegel.

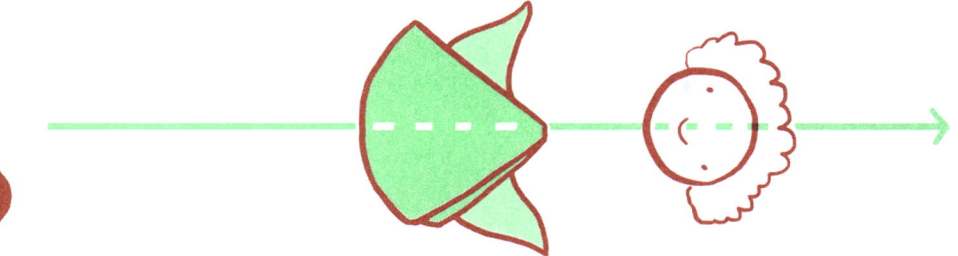

Mache einen dicken Knoten in die Schnur und fädle Kegel und Kopf darauf auf. Natürlich kannst du deinen Engel nach Lust und Laune schmücken!

EIN ENGEL FÜR DUNKLE TAGE

Für einen leuchtenden Engel brauchst du:
- 1 DIN-A3-Bogen stabiles weißes Papier (noch schöner leuchtet Transparentpapier)
- Schere, Bleistift, langes Lineal, Klebestift
- 1 Eisstiel, Kaffeeumrührhölzchen oder Ähnliches.
- 1 kurze weiße LED-Lichterkette, batteriebetrieben

Und so geht's:
1. Miss von einer Ecke des Papiers aus jeweils die Breite des Papiers ab.
2. Verbinde diese Punkte und schneide die Form aus.
3. Biege die Form zu einem Kegel und klebe sie zusammen. Drücke die Klebeflächen zusammen, bis der Kleber angetrocknet ist.

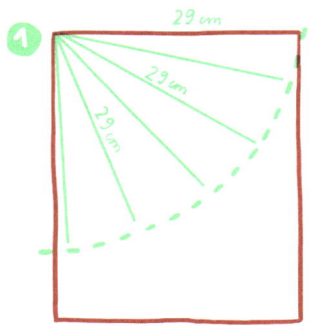
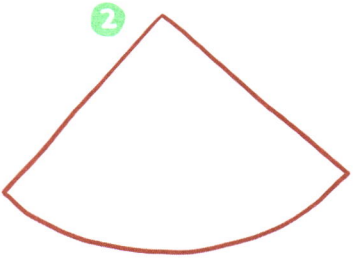
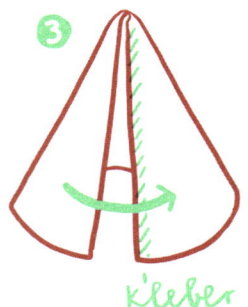

4. Zeichne auf dem restlichen Papier den Oberkörper des Engels auf und schneide ihn aus. Klebe ihn dann auf den Eisstiel.

5. Stecke den Engeloberkörper oben in den Kegel und die Lichterkette unten in den Kegel.

Du brauchst:
- eine leere Streichholzschachtel
- Stifte und Papier, Klebestift
- eine kleine spitze Schere

1. Beklebe die Streichholzschachtel mit Geschenkpapier und verziere sie.

2. Male einen Himmel als Hintergrundbild und klebe ihn in die Schublade.

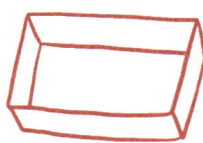 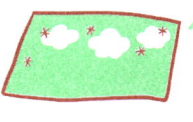 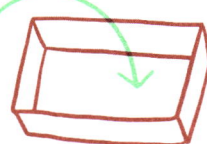 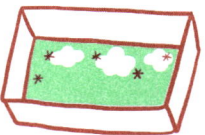

3. Male einen kleinen Engel und schneide ihn aus. Du kannst auch eine kleine Sprechblase hinzufügen. Klebe einen kleinen Streifen Papier zu einem Röllchen zusammen und klebe das Röllchen in der Schachtel fest.

4. Klebe die Sprechblase auf den Himmel und den Engel auf das Röllchen. Dann sieht es so aus, als würde der Engel fliegen.

Platz für knackig kurze Minibotschaften

MEIN ☆ Engel ☆ OUTFIT

Zeichne hier ein Bild von
dir im Engeloutfit.

Meine Playlist für die Engel-Modenschau

1.

2.

3.

4.

5.

6.

7.

EINEN FENSTERENGEL BASTELN

Du brauchst:
- farbigen oder schwarzen Tonkarton, DIN A4
- Transparentpapier
- Bleistift, Cutter, Schere, Klebestift

1. Zeichne den Umriss des Engels auf das Tonpapier.

2. Ergänze die Details und schneide den Engel mit der Schere aus.

3. Zeichne nun die Bereiche auf, die später ausgeschnitten werden sollen.
Schneide diese vorsichtig mit dem Cutter aus oder bitte jemanden um Hilfe.

4. Klebe hinter die ausgeschnittenen Stellen jeweils ein Stück Transparentpapier.

5. Hänge den Engel an einem Wollfaden, den du
am Heiligenschein befestigst, vor dein Fenster.

HIMMLISCHES FOTOSHOOTING

Idee ⭐1

SILHOUETTEN FOTOGRAFIEREN

Du brauchst:
- eine Freundin
- selbst gebastelte Flügel
- eine helle Stehlampe

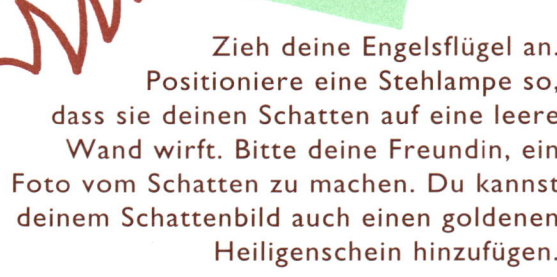

Zieh deine Engelsflügel an. Positioniere eine Stehlampe so, dass sie deinen Schatten auf eine leere Wand wirft. Bitte deine Freundin, ein Foto vom Schatten zu machen. Du kannst deinem Schattenbild auch einen goldenen Heiligenschein hinzufügen.

Du brauchst:
- eine große Decke oder ein Bettlaken
- Stoffe, Kissen oder Handtücher,
- ausgeschnittene Papiersterne
- selbst gebastelte Flügel

Breite die Decke auf
dem Boden aus und
gestalte aus Stoffen
oder Kissen eine
wolkige Himmels-
landschaft. Leg dich
in Flugposition
darauf und bitte
deine Freundin,
ein Foto von
dir zu machen.

EIN ENGEL KOMMT SELTEN ALLEIN

Du brauchst:
- Din-A4-Papier
- Bleistift
- Schere
- Klebestift

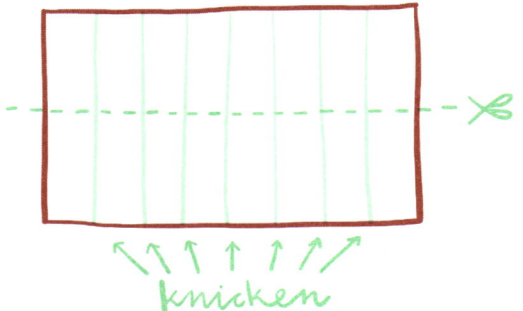

knicken

1. Schneide das Blatt der Länge nach mittig durch und falte jede Hälfte zum Fächer.
2. Zeichne einen halben Engel auf den Fächer, so wie du es auf dem Bild siehst.

Wichtig:
Die Arme und das Kleid müssen bis an den Rand gehen, damit es eine Kette ergibt.

3. Schneide den Engel entlang dieser Linie aus.
4. Falte die Girlande auseinander. Du erhältst 4 Engel, die du mit Flügeln schmücken kannst.

EINE ENGEL-
GIRLANDE
basteln

Idee!

Wenn du eine Kette aus 3 Bogen DIN-A4-Papier machst, erhältst du 24 Engel. Klebe Zahlen darauf, und du kannst – wie bei einem Adventskalender – jeden Tag einen abschneiden.

HEFEENGEL BACKEN

Für 4-8 Hefeengel brauchst du:
- 500 g Mehl
- 1 Prise Salz
- 50 g Zucker
- 1 Päckchen Trockenhefe
- 80 g warme Butter
- 250 ml warme Milch
- Rosinen und Mandeln zum Verzieren

Gib alle Zutaten in eine Schüssel und verarbeite sie mit dem Küchenmixer und Knethaken zu einem Teig. Decke den Teig mit einem Trockentuch ab und lasse ihn an einem warmen Ort gehen, bis er sich sichtbar vergrößert hat (ca. 30 Minuten).

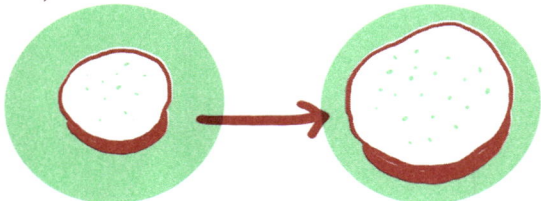

Knete den Teig auf einer bemehlten Oberfläche noch einmal gründlich durch und teile ihn in 4-8 gleich große Teile, je nachdem, wie groß deine Engel werden sollen. Forme daraus Engel und verziere diese mit Mandeln und Rosinen. Lege ein Backblech mit Backpapier aus und lege die Engel darauf. Backe sie bei 200 Grad ca. 15-20 Minuten.

DAS IST AUCH EIN ENGEL !

Aus lauter Fundstücken aus dem
Garten kannst du kleine
Engel gestalten.

Klebe deinen Engel mit Heißkleber auf ein Stück Holz oder Pappe.

Je nach Jahreszeit und Ort kannst du statt Steinen und Stöckchen auch Muscheln, Tannenzweige oder Blumen verwenden.

Hier ist Platz für ein Foto oder eine Zeichnung von deinem Engel.

Für einen

Engelkerzenhalter

brauchst du:
- einen großen Joghurtbecher (500 g), ausgespült
- feste Pappe, ca. 15x4 cm
- 1 Korken und 2 Federn
- Kleber und Schere
- dunkle Acrylfarbe und Pinsel
- weißen oder goldenen Lackstift, schwarzen Stift
- stabiles weißes Papier
- 1 Clipkerzenhalter + Kerze

1. Klebe das Stück Pappe mittig auf den Boden des Joghurtbechers und klebe dann den Korken mittig auf das Pappstück.
2. Streiche alles mit mehreren dünnen Schichten Farbe an und lasse sie zwischendurch gut trocknen (auf der glatten Plastikoberfläche hält die Farbe nicht gut).

3. Schneide einen Kreis für das Gesicht und einen etwas größeren Kreis für den Heiligenschein aus. Male beide an und klebe das Gesicht vor, den Heiligenschein hinter den Korken.

4. Male den Plastikbecher mit dem Lackstift an.
5. Klebe die Federn hinten an den Becher.
6. Klipse den Kerzenhalter an den einen „Arm" des Engels und stecke die Kerze hinein.

Hier ist Platz für deine Entwürfe:

Ein Schutzengel für dich !

Welche Schutzengel fallen dir noch ein?

der ultimative Schlechtwetter-Schutzengel

ein Schutzengel mit Superkräften

der wunderbare
Gartenschutzengel

Zeichne die Blume,
die hier wächst!

SCHUTZENGEL für

SCHUTZENGEL für

Wer fliegt denn hier?

Zeichne die Engel zu den Flügeln!

Verwandle die Figuren in Engel, indem du ihnen Flügel zeichnest!

So ein Engeltheater!

Ganz persönliche Engelanhänger kannst du basteln, indem du ein Foto von dir einfügst.

Dazu brauchst du:
- Foto von deinem Gesicht
- stabiles Papier oder dünne Pappe
- verschieden gemustertes Bastel- oder Geschenkpapier
- spitze Schere und Klebestift
- 4 Musterklemmen

Zeichne die verschiedenen Engelteile auf die Pappe, schneide sie aus und beklebe sie mit dem gemusterten Papier. Stich mit einer spitzen Schere Löcher in die Teile (so groß, dass du eine Musterklemme durchstecken kannst) und baue den Engel zusammen. Klebe dann den aus dem Foto ausgeschnittenen Kopf auf den gebastelten Engel.

90

Lochen und die Schnur zum
Aufhängen festbinden

Gold und Glitter oder
Glitzersteinchen aufkleben

Hier ist Platz für deine eigene Engelcollage aus Geschenkpapier und Fotos.

Engel-MANDALAS
zum Ausmalen

Sternengold und wolkenlila
Welche Farben fallen dir noch ein?

Noch mehr Mandalas für dich zum Ausmalen!

ZAUBERHAFTES FOTOSHOOTING

Idee 1

Du brauchst:
- ein dunkles Tuch
- eine Lichterkette
- ein Stück Gold- oder Alufolie

Breite das Tuch auf dem Boden aus und lege die Lichterkette in Flügelform darauf. Schneide einen runden Kreis aus der Gold- oder Silberfolie als Heiligenschein aus. Lege dich in die Mitte und bitte jemanden, von oben ein Foto zu machen.

Foto-shooting

Idee 2

Du brauchst:
- ein Trampolin

Bitte jemanden, ein Foto von dir zu machen, während du im Engels-
kostüm auf einem Trampolin springst. Am besten schräg von unten –
so, dass im Hintergrund der Himmel, aber kein Rand vom Trampolin
zu sehen ist.

Ein Engel mit und

Du brauchst:
- Salzteig (siehe Rezept)
- Acrylfarbe und Pinsel

Verrühre 2 Tassen Mehl mit 1 Tasse Salz in einer Schüssel. Gib 1 Tasse Wasser hinzu und verrühre die Zutaten mit einem Löffel. Knete nun mit den Händen weiter. Falls der Teig an den Händen klebt, füge noch etwas Mehl hinzu.

Rolle den Teig mit einer Teigrolle aus. Er muss so groß sein, dass ein Fuß und 2 Hände von dir daraufpassen (siehe Zeichnung). Schneide dann einen Kreis aus. Mach mit deinem Fuß einen Abdruck in der Mitte und füge deine Handabdrücke als Flügel hinzu.

Teller

Backe den Engel bei 150 Grad ca. 45 Minuten im Backofen und lasse ihn anschließend abkühlen.
Male den Engel an.

Idee 1

Idee 2

Rolle den Teig aus und forme einen Engel aus einem großen und zwei kleinen Dreiecken. Stich oben ein Loch zum Aufhängen hinein. Backe ihn, wie bei Idee 1 beschrieben, und male ihn anschließend an.

Idee 3

Stich mit einer Plätzchenform Sternchen aus und bohre oben ein Loch zum Aufhängen hinein. Backe die Sterne, wie unter Idee 1 beschrieben, und male sie an. Sie können deinem Engel Gesellschaft leisten.

Male den Sternchen Gesichter!

Himmlische
POST MIT ENGELSFLÜGELN

Idee ★1

Du brauchst: stabiles Papier, Bleistift, Schere, Stift

Falte ein stabiles A5-Papier zur Karte. Zeichne einen Engelflügel darauf. Schneide den Flügel aus. Zeichne von außen Ornamente auf die Flügel.

↑ außen

↑ innen

LIEBE OMA, fröhliche Weihnachten. Deine Suse

Du brauchst: siehe Idee 1, außerdem
Transparentpapier und Klebestift

Schneide mit einer spitzen Schere Sterne
in die Flügelspitzen und klebe von innen
farbiges Transparentpapier dahinter.

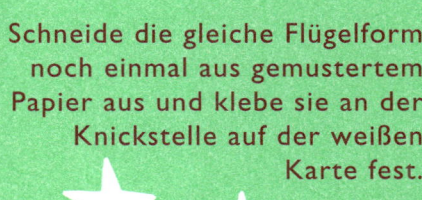

Idee ★2

Idee ★3

Du brauchst: siehe Idee 1, außerdem
Klebestift und
gemustertes Geschenkpapier

Schneide die gleiche Flügelform
noch einmal aus gemustertem
Papier aus und klebe sie an der
Knickstelle auf der weißen
Karte fest.

kleben

AIRMAIL

ORNAMENTE
MALEN

Schmücke die Flügel mit Ornamenten!

QUATSCHENGEL

Platz zum Austoben

Zeichne ein Tier mit Engelsflügeln.

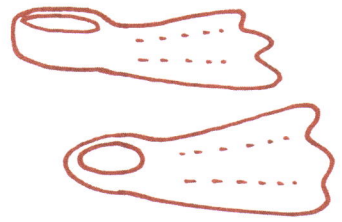

Zeichne einen Engel im Schwimmbad.

Zeichne einen Partyengel.

Zeichne einen Engel im Pyjama.

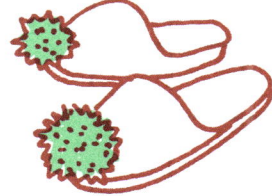

111

RECYCLING-WORKSHOP

IDEE 1 Wäscheklammerengel

Du brauchst:
- eine Wäscheklammer
- Farbe und Pinsel
- schwarzen Stift
- Kleber
- eine Holzkugel
- ein kleines Stückchen Pappe
- einen Pfeifenputzer

DIY
EnGEL

Klebe die Kugel oben auf die Wäscheklammer. Male dem Engel ein Gesicht, Haare und Schuhe. Wickle ein kleines Stückchen Stoff als Kleid um die Klammer und fixiere es mit dem Pfeifenputzer, indem du ihn – wie Arme – darumwickelst. Befestige daran ein weiteres Stück Pfeifenputzer, das du zu einem kleinen Heiligenschein formst. Schneide aus Pappe Flügel aus und klebe diese an den Rücken des Engels.

IDEE 2  Weinkorkenengel

Du brauchst:
- einen Weinkorken
- Kleber
- eine ca. 2 cm große Holzkugel
- 2 Federn
- kleine Perlen, Faden und Nadel

Klebe die Kugel auf dem Korken fest und die Federn hinten an den Korken. Fädele Perlen auf den Faden auf und verknote die Kette zu einem etwa finger-ringgroßen Heiligenschein. Klebe diesen auf den Kopf des Engels.

Federballengel

Du brauchst:
- einen Federball
- eine Holzkugel, Durchmesser ca. 2 cm
- Wolle
- schwarzen Stift
- Kleber
- Pfeifenputzer

1. Male ein Gesicht auf die Kugel. Gib ein wenig Kleber auf die Kugel und wickele ein bisschen Wolle als Haare spiralförmig herum. Klebe den Engelskopf auf dem Federball fest.

2. Stecke den Pfeifenputzer hinten am Federball durch eine der Öffnungen und biege ihn in Form.

UND WOHIN NUN MIT DEN ENGELCHEN?

Geschenkanhänger

Tischschmuck

Weihnachtsbaumschmuck

Engelmix

Auf den nächsten Seiten ist Platz für fröhliche, bunte und schräge Engel.

Schneide die nächsten Seiten entlang der gepunkteten Linien ein.
Zeichne jeweils in das obere Feld den Kopf, in das mittlere Feld den
Oberkörper samt Flügeln und in das untere Feld die Beine eines Engels.
Wichtig ist dabei, dass die „Anschlussstellen" immer die gleichen sind.
Blättere dann um und lasse dich von deinen eigenen Kreationen überraschen!

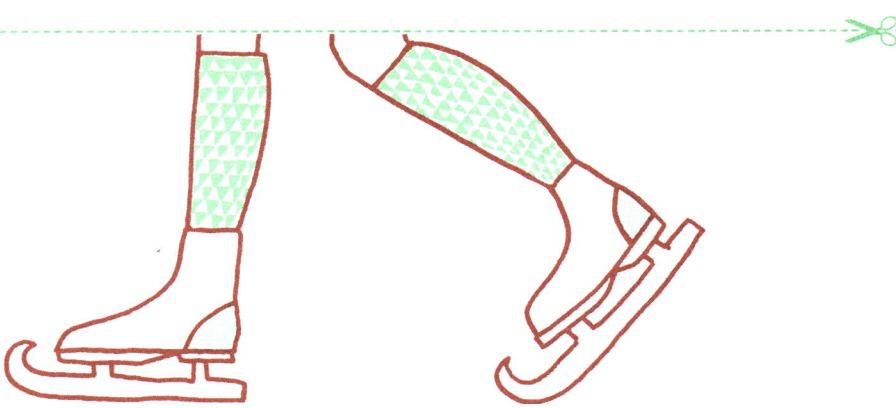

© privat

Silke Schmidt, geboren 1973 im Siegerland, studierte zuerst Literaturwissenschaft in Mainz und Edinburgh, danach Bildende Kunst an der Universität der Künste in Berlin. Seit ihrem Meisterschülerabschluss arbeitet sie als Künstlerin und als Illustratorin für verschiedene Zeitschriften, Verlage und Organisationen. Inzwischen lebt Silke Schmidt mit ihrem Mann, ihren beiden Töchtern und einer stetig wachsenden Anzahl von Tieren in der Uckermark nördlich von Berlin.

**Ausführliche Informationen über
unsere Autoren und Bücher
www.dtv.de**

Von Silke Schmidt sind bei <u>dtv</u> junior außerdem lieferbar:
Ferien zum Selbermachen – Mein Mitmach-Tagebuch
Weihnachten zum Selbermachen – Mein Mitmach-Tagebuch
für den Winter
Lass uns was zusammen machen – 37 Ideen für beste Freundinnen
Pflanz dich glücklich – 37 Ideen für Garten und Co.

Originalausgabe
© 2018 dtv Verlagsgesellschaft mbH & Co. KG, München
Umschlagbild und -gestaltung: Silke Schmidt
Gesetzt aus der Gill Sans
Gesamtherstellung: Druckerei C.H.Beck, Nördlingen
Gedruckt auf säurefreiem, chlorfrei gebleichtem Papier
Printed in Germany · ISBN 978-3-423-71811-0